Texto e ilustração © Luiz Eduardo Albini Baptista,
representado por AMS Agenciamento Artístico, Cultural e Literário Ltda.

Edição geral
Sonia Junqueira (T&S - Texto e Sistema Ltda.)

Projeto gráfico e ilustração
Eduardo Albini

Edição de arte
Diogo Droschi

Revisão
Cecília Martins

AUTÊNTICA EDITORA LTDA.
Editora responsável
Rejane Dias

Rua Aimorés, 981 – 8º andar
Bairro Funcionários
30140-071 – Belo Horizonte – MG
Tel: (55 31)3222 68 19
Televendas: 0800 283 13 22
www.autenticaeditora.com.br

Dados Internacionais de Catalogação na Publicação (CIP)
(Câmara Brasileira do Livro, SP, Brasil)

Albini, Eduardo	
A semente : S.O.S florestas / Eduardo Albini.	
– Belo Horizonte : Autêntica Editora, 2010.	
ISBN 978-85-7526-455-3	
1. Literatura infanto-juvenil 2. Livros	
ilustrados para crianças I. Título.	
10-02107	CDD-028.5

Índices para catálogo sistemático:
1. Literatura infantil 028.5
2. Literatura infanto-juvenil 028.5

Eduardo Albini

A Semente

S.O.S florestas

autêntica

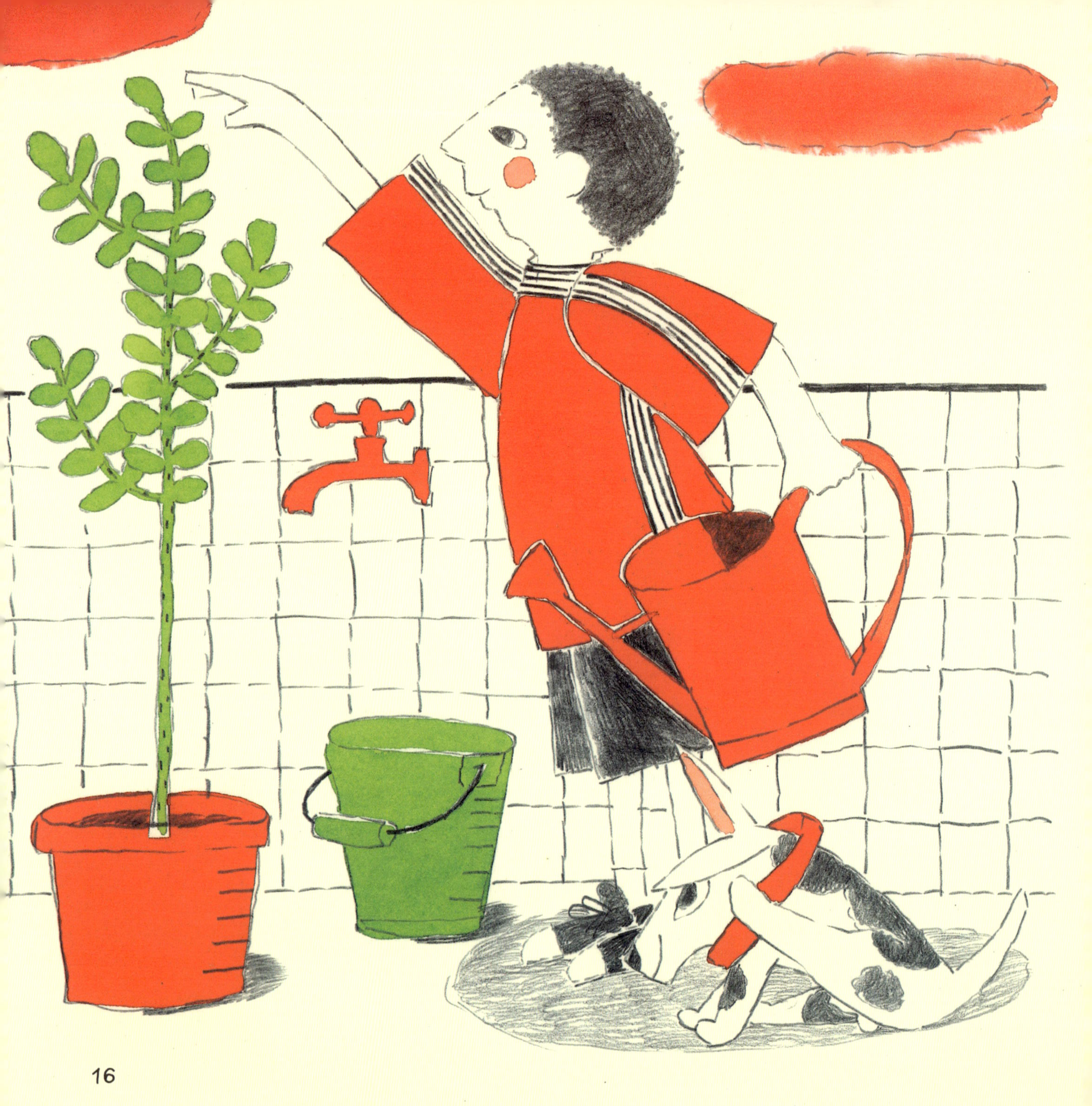

Esta obra foi impressa em papel Off Set 120 g na Formato Artes Gráficas, para a Autêntica Editora.